Domine as vendas de consultoria: estratégias para converter conhecimento em lucro

Copyright © 2024 Reginaldo Osnildo
Todos os direitos reservados.

APRESENTAÇÃO

Seja bem-vindo ao mundo das vendas de consultoria, um campo desafiador e extremamente recompensador. Este livro foi especialmente desenvolvido para você, consultor individual, empresa de consultoria ou profissional que busca não apenas aprimorar suas habilidades, mas verdadeiramente exceler em transformar seu conhecimento técnico e profissional em resultados financeiros tangíveis. Em "**Domine as vendas de consultoria: estratégias para converter conhecimento em lucro**", você encontrará um guia detalhado que o levará a destacar-se em um mercado competitivo, dominando as estratégias mais eficazes de vendas e marketing.

Em cada página, você descobrirá que mais do que uma compilação de informações, este livro é uma conversa, uma orientação passo a passo, desenhada para ser tão prática quanto inspiradora. Meu objetivo é trazer a você uma perspectiva atualizada dos conceitos mais tradicionais e integrar inovações do mercado, facilitando a sua jornada e otimizando seus resultados.

Você aprenderá a explorar o cenário atual do mercado de consultoria, a definir seu nicho, construir credibilidade, desenvolver ofertas irresistíveis e estratégias de precificação que valorizem sua expertise. Além disso, abordaremos o poder do marketing de conteúdo, networking eficaz, a arte das vendas consultivas e como gerenciar relacionamentos duradouros com seus clientes.

Este livro não é apenas sobre teorias; ele é sobre aplicação prática. Você será equipado com conhecimentos e ferramentas para enfrentar desafios reais, responder a objeções de vendas de forma eficiente e fechar negócios que não apenas satisfazem, mas também excedem as expectativas dos seus clientes. E ao final de cada capítulo, um convite para continuar a jornada no próximo, garantindo um aprendizado contínuo e engajado.

Você está pronto para transformar seu conhecimento em lucro? Venha, embarque nesta jornada de aprendizado e crescimento, e torne-se um mestre nas vendas de consultoria. No próximo capítulo, começaremos explorando o cenário atual do mercado de consultoria, a importância crescente desses serviços e como você pode se posicionar de maneira vantajosa desde o início. Vamos lá?

Atenciosamente

Prof. Dr. Reginaldo Osnildo

INTRODUÇÃO AO MERCADO DE CONSULTORIA

O mercado de consultoria tem evoluído de maneira significativa ao longo dos anos, transformando-se em um componente crucial para o sucesso de empresas de todos os tamanhos e setores. Compreender este mercado é o primeiro passo para você, que busca não apenas participar, mas liderar neste campo competitivo. Este capítulo oferece uma visão detalhada do cenário atual da consultoria, destacando sua importância e como você pode aproveitar as oportunidades emergentes para estabelecer e expandir sua prática de consultoria.

O CRESCIMENTO DO MERCADO DE CONSULTORIA

Nos últimos anos, o mercado de consultoria tem visto um crescimento robusto, impulsionado pela necessidade das empresas de se adaptarem a rápidas mudanças tecnológicas, regulamentações complexas e pressões competitivas crescentes. Organizações de todos os tipos estão buscando consultores não apenas para insights específicos de domínio, mas também para ganhar vantagens estratégicas que apenas uma visão externa e especializada pode oferecer.

POR QUE A CONSULTORIA É MAIS IMPORTANTE AGORA?

No contexto atual, a consultoria é mais do que um serviço; é uma necessidade estratégica. As empresas enfrentam desafios multifacetados que requerem soluções igualmente complexas e personalizadas. Você, como consultor, tem a oportunidade única de atuar como um catalisador para inovação e transformação dentro destas organizações.

COMPREENDENDO AS NECESSIDADES DO MERCADO

Para ser eficaz em vendas de consultoria, é crucial entender profundamente as necessidades do mercado. Isso inclui conhecer os setores mais propensos a buscar consultoria, como tecnologia, saúde, finanças e educação, e entender os problemas específicos que estes setores enfrentam. Tais insights permitem que você desenvolva soluções sob medida que ressoam diretamente com os desafios dos seus clientes potenciais.

POSICIONANDO-SE PARA O SUCESSO

O sucesso no mercado de consultoria começa com um posicionamento estratégico. Identificar e entender as tendências do mercado, como a digitalização, a sustentabilidade e a personalização do serviço, pode ajudar você a alinhar sua oferta de consultoria com as demandas futuras. Além disso, estar ciente das flutuações econômicas e regulatórias pode capacitá-lo a adaptar suas estratégias de forma proativa.

Este panorama do mercado de consultoria destina-se a ser o seu ponto de partida. Com esta compreensão, você está melhor equipado para navegar neste ambiente complexo e repleto de oportunidades. O conhecimento adquirido aqui será a base sobre a qual construiremos estratégias de vendas eficazes nos próximos capítulos.

Ao avançar para o próximo capítulo, mergulharemos nos **"FUNDAMENTOS DAS VENDAS DE CONSULTORIA"**. Você aprenderá os elementos-chave que diferenciam as vendas de consultoria de outros tipos de vendas, e como esses conhecimentos podem ser aplicados para maximizar sua eficácia e lucratividade. Está pronto para continuar esta jornada? Vamos explorar juntos os pilares das vendas eficazes em consultoria.

FUNDAMENTOS DAS VENDAS DE CONSULTORIA

Vender serviços de consultoria é uma arte que combina profundamente a compreensão técnica com habilidades interativas excepcionais. Este capítulo focará nos elementos chave que diferenciam as vendas de consultoria de outras formas de vendas, mostrando como você pode aplicar esses princípios para converter seu conhecimento em lucro de forma eficaz.

ENTENDENDO A NATUREZA DA CONSULTORIA

Ao contrário de produtos ou serviços padronizados, a consultoria é altamente personalizada e baseada em relacionamento. Cada cliente possui necessidades únicas, o que requer que você, como consultor, tenha uma abordagem adaptativa e consultiva. Isso significa ouvir atentamente, entender as dores específicas do cliente e, então, propor soluções que se alinhem perfeitamente às suas exigências.

A CONSULTORIA COMO UMA VENDA DE SOLUÇÕES

O coração das vendas de consultoria está em posicionar-se como um solucionador de problemas. Você não está apenas vendendo um serviço, mas oferecendo uma promessa de transformação e melhoria. É fundamental demonstrar como sua expertise pode resolver problemas específicos, otimizar processos e melhorar a eficiência geral do seu cliente.

CONSTRUINDO RELACIONAMENTOS A LONGO PRAZO

As vendas de consultoria raramente são transações únicas; elas envolvem o desenvolvimento de relacionamentos a longo prazo. A confiança é um componente crítico aqui. Investir tempo em conhecer seu cliente, entender sua cultura empresarial e suas metas de longo prazo pode transformar um contrato inicial em uma parceria duradoura.

DEMONSTRANDO VALOR ANTECIPADAMENTE

Uma estratégia eficaz nas vendas de consultoria é a demonstração de valor antes mesmo da compra. Isso pode ser realizado por meio de workshops, seminários, conteúdo de qualidade ou consultas preliminares gratuitas. Tais iniciativas ajudam a estabelecer sua credibilidade e a solidificar sua posição como a escolha preferencial quando o cliente decide avançar.

COMUNICANDO EFETIVAMENTE

A comunicação é vital em qualquer venda, mas nas vendas de consultoria, ela é especialmente crítica. Você precisa ser capaz de articular claramente como sua consultoria pode beneficiar o cliente de maneira quantificável. Isso muitas vezes envolve traduzir conceitos complexos em linguagem clara e acessível, garantindo que o cliente compreenda completamente o potencial impacto e valor da sua oferta.

Dominar os fundamentos das vendas de consultoria coloca você em uma posição privilegiada para aproveitar ao máximo suas habilidades e conhecimentos. Ao entender a natureza única deste tipo de venda, você estará mais bem equipado para se conectar com seus clientes e criar propostas que verdadeiramente respondam às suas necessidades.

No próximo capítulo, **"DEFININDO SEU NICHO DE CONSULTORIA"**, vamos explorar como identificar e escolher um nicho de mercado que não apenas seja lucrativo, mas também perfeitamente alinhado com seu conhecimento e paixões. Preparado para aprofundar ainda mais e encontrar seu espaço ideal no mercado de consultoria? Vamos lá!

DEFININDO SEU NICHO DE CONSULTORIA

Identificar e escolher o nicho correto é crucial para o sucesso de qualquer consultor. Este capítulo irá guiá-lo através do processo de definição de um nicho de mercado lucrativo e alinhado com seu conhecimento e experiência. Ao focar em um nicho específico, você não só aumenta suas chances de sucesso, mas também se posiciona como um especialista, o que é vital em um mercado competitivo.

A IMPORTÂNCIA DE ESCOLHER O NICHO CERTO

Em consultoria, ser percebido como um especialista pode significativamente impactar sua capacidade de atrair e reter clientes. Um nicho bem definido permite que você se destaque, reduz a competição e aumenta a relevância de sua oferta para um grupo específico de potenciais clientes. Além disso, facilita a customização de suas estratégias de marketing e vendas para um público mais definido e acessível.

PASSOS PARA IDENTIFICAR SEU NICHO IDEAL

1. **Avalie sua paixão e expertise:** Comece com o que você conhece e ama. A paixão pelo seu trabalho não apenas o mantém motivado mas também é contagiosa para seus clientes.
2. **Pesquisa de mercado:** Examine quais setores ou tipos de empresas podem se beneficiar mais de sua consultoria. Olhe para as tendências de mercado, demandas crescentes e áreas menos atendidas.
3. **Validação de mercado:** Verifique se há uma demanda real para os serviços que você pretende oferecer. Isso pode ser feito através de entrevistas com potenciais clientes, análise de concorrentes e feedback de pares.
4. **Especialize-se:** Após escolher um segmento de mercado, aprofunde-se ainda mais. Por exemplo, em vez de apenas "consultoria financeira", considere "consultoria financeira para startups tecnológicas".
5. **Teste e ajuste:** Lance inicialmente pequenos serviços ou

ofertas de teste para medir a resposta do mercado. Use o feedback para refinar sua oferta.

COMUNICANDO SEU NICHO

Uma vez definido seu nicho, é essencial que você comunique claramente este foco através de todos os seus canais de marketing e pontos de contato com clientes. Isso inclui seu website, perfis de redes sociais, materiais de marketing, e especialmente na sua proposta de vendas.

Definir e dominar seu nicho de consultoria não é apenas sobre encontrar um lugar no mercado, mas sim criar um espaço no qual você é visto como a autoridade incontestável. Isso não só aumenta a eficácia de suas vendas mas também contribui para a construção de uma prática de consultoria sustentável e lucrativa.

Está pronto para construir sua autoridade e credibilidade dentro do seu nicho escolhido? No próximo capítulo, "**CONSTRUÇÃO DE CREDIBILIDADE**", vamos explorar táticas eficazes para estabelecer sua autoridade e aumentar sua visibilidade no mercado. Essas estratégias serão fundamentais para transformar seu conhecimento técnico em uma prática de consultoria lucrativa. Vamos juntos nessa jornada?

CONSTRUÇÃO DE CREDIBILIDADE

Credibilidade é o alicerce sobre o qual se constrói uma carreira de sucesso em consultoria. Este capítulo irá orientá-lo sobre como estabelecer e reforçar sua autoridade e credibilidade no nicho que você escolheu. Vamos explorar táticas práticas que você pode implementar para ser reconhecido como um especialista confiável, atraindo mais clientes e consolidando sua posição no mercado.

POR QUE A CREDIBILIDADE É CRUCIAL?

No mundo da consultoria, a confiança é um componente essencial. Seus potenciais clientes devem acreditar na sua capacidade de entregar resultados antes mesmo de contratá-lo. Uma sólida reputação de credibilidade não só facilita a aquisição de novos clientes, como também aumenta a fidelidade dos clientes existentes, resultando em mais recomendações e uma prática de consultoria próspera.

ESTABELECENDO SUA AUTORIDADE

1. **Educação e certificações:** Continue investindo em sua educação. Certificações reconhecidas em sua área de especialização podem agregar um valor inestimável ao seu perfil.
2. **Publicações:** Escreva artigos, estudos de caso ou livros sobre sua área de especialidade. Ser publicado em revistas respeitadas ou em plataformas online estabelece você como uma voz autoritária no campo.
3. **Palestras e workshops:** Ofereça-se para falar em conferências, workshops ou webinars. Estes são espaços excelentes para mostrar seu conhecimento e conectar-se diretamente com possíveis clientes.
4. **Utilização de testemunhos:** Colha e utilize testemunhos de clientes anteriores. As palavras de um cliente satisfeito são uma das melhores formas de provar sua competência e resultados.
5. **Parcerias estratégicas:** Alinhe-se com outras empresas

ou consultores que possam complementar sua oferta de serviços. Parcerias bem escolhidas podem aumentar sua visibilidade e acessibilidade.

CONSTRUINDO VISIBILIDADE

Manter-se visível é tão importante quanto construir sua autoridade. Use todas as ferramentas disponíveis para manter seu nome na mente dos potenciais clientes:

- **Redes sociais:** Mantenha uma presença ativa nas plataformas de redes sociais onde seus clientes potenciais passam seu tempo. Compartilhe conteúdo relevante que destaque seu expertise.
- **SEO (Search Engine Optimization):** Otimize o conteúdo do seu website para garantir que ele apareça nos resultados de busca quando potenciais clientes procurarem por consultores em sua área.
- **Networking:** Continue expandindo sua rede de contatos. Quanto mais pessoas conhecerem você e seu trabalho, maior será sua credibilidade no mercado.

Construir e manter credibilidade requer esforço contínuo e consistência. Cada interação que você tem no mercado é uma oportunidade para solidificar sua reputação como um consultor confiável e capaz.

Preparado para dar o próximo passo e começar a estruturar suas ofertas de serviços de forma que maximizem o valor percebido pelos seus clientes? No próximo capítulo, **"DESENVOLVIMENTO DE OFERTAS DE SERVIÇOS"**, exploraremos como você pode criar ofertas que não apenas atendam às necessidades dos clientes, mas também excedam suas expectativas, garantindo assim sua satisfação e a continuidade dos negócios. Vamos continuar essa jornada juntos?

DESENVOLVIMENTO DE OFERTAS DE SERVIÇOS

Criar ofertas de serviços que não apenas atendam, mas também superem as expectativas dos clientes, é um dos aspectos mais cruciais para qualquer consultor. Neste capítulo, exploraremos como estruturar suas ofertas para maximizar o valor percebido pelos clientes, garantindo a relevância e a eficácia de seus serviços no mercado competitivo de consultoria.

COMPREENDENDO AS NECESSIDADES DO CLIENTE

Antes de desenvolver suas ofertas, é fundamental entender profundamente as necessidades e os desafios dos seus clientes. Isso pode ser alcançado através de:

- **Diálogo aberto:** Conduza entrevistas ou sessões de brainstorming com potenciais clientes para entender seus problemas e expectativas.
- **Pesquisa de mercado:** Utilize dados de mercado e feedback de clientes anteriores para identificar tendências e necessidades emergentes.
- **Análise de concorrência:** Observe como outros consultores estão atendendo (ou falhando em atender) as necessidades do mercado e encontre espaços para inovar.

ESTRUTURANDO SUAS OFERTAS

1. **Pacotes de serviços:** Crie pacotes de serviços que agrupem soluções complementares. Isso não só simplifica a decisão de compra para o cliente, mas também aumenta o seu valor percebido.
2. **Personalização:** Ofereça opções para personalizar serviços de acordo com as necessidades específicas do cliente. A personalização pode ser um grande diferencial competitivo.
3. **Modelos de precificação flexíveis:** Desenvolva estruturas de precificação que se adaptem aos diferentes orçamentos e tamanhos de projetos dos clientes. Isso pode incluir tarifas fixas, precificação baseada em valor

ou modelos de retenção.

4. **Garantias de serviço:** Considere oferecer algum tipo de garantia que assegure ao cliente sobre a qualidade e a eficácia dos serviços prestados.

Maximizando o Valor Percebido

- **Demonstração de ROI (Retorno sobre Investimento):** Prepare-se para mostrar como seus serviços proporcionam um retorno claro e mensurável. Isso pode ser feito através de estudos de caso, dados de desempenho de serviços anteriores e testemunhos de clientes satisfeitos.
- **Comunicação clara de benefícios:** Certifique-se de que suas propostas e materiais de marketing articulem claramente os benefícios de suas ofertas. Use linguagem que ressoe com o setor específico do cliente e destaque os resultados tangíveis.
- **Atualizações e melhorias contínuas:** Mostre aos clientes que suas ofertas estão sempre evoluindo com base nas novas tendências do mercado e feedback. Isso reforça o valor de longo prazo de trabalhar com você.

O desenvolvimento de ofertas de serviços bem estruturadas é essencial para criar e manter uma prática de consultoria bem-sucedida. Ao centrar-se nas necessidades dos clientes e maximizar o valor percebido, você não apenas atende às suas expectativas, mas as supera, garantindo assim uma relação duradoura e lucrativa.

Pronto para explorar ainda mais sobre como configurar seus preços de forma estratégica? No próximo capítulo, "**TÉCNICAS DE PRECIFICAÇÃO EM CONSULTORIA**", mergulharemos nas estratégias para definir preços que reflitam seu valor e expertise, sem desencorajar os potenciais clientes. Vamos avançar juntos nesta jornada?

TÉCNICAS DE PRECIFICAÇÃO EM CONSULTORIA

Definir a estratégia de precificação correta é vital para o sucesso de sua prática de consultoria. Este capítulo discute como estabelecer preços que reflitam adequadamente seu valor e expertise, ao mesmo tempo em que permanecem competitivos e acessíveis para seus potenciais clientes. Vamos explorar diversas técnicas de precificação e como aplicá-las efetivamente em seu negócio de consultoria.

ENTENDENDO A PRECIFICAÇÃO BASEADA EM VALOR

Uma das abordagens mais eficazes em consultoria é a precificação baseada em valor. Este método vai além do simples cálculo de horas trabalhadas, focando no valor que seu serviço agrega ao cliente. Para implementar essa estratégia, é crucial:

- **Identificar o valor percebido:** Entenda como seus clientes valorizam seus serviços. Isso pode variar significativamente dependendo do setor e das necessidades específicas do cliente.
- **Comunicar o valor:** Assegure-se de que os clientes entendam claramente o retorno que podem esperar de seu investimento. Isso pode ser feito através de apresentações, propostas detalhadas e estudos de caso que demonstram o impacto positivo de seus serviços anteriores.

MODELOS DE PRECIFICAÇÃO COMUNS EM CONSULTORIA

1. **Preço por projeto:** Fixar um preço para um projeto completo baseado no escopo de trabalho e nos resultados esperados. Essa abordagem é ideal para projetos com objetivos claros e definidos.
2. **Preço por hora:** Cobrança baseada no tempo dedicado ao projeto. Embora seja simples, pode não refletir adequadamente o valor entregue, especialmente em projetos que requerem alto nível de especialização.
3. **Retenção mensal:** Uma taxa fixa mensal para serviços durante um período estabelecido. Isso proporciona uma

receita previsível e constrói relações de longo prazo com os clientes.

4. **Baseado em resultados:** Precificação que depende do alcance de certos resultados ou metas. Este modelo pode ser muito atraente para clientes, pois reduz o risco percebido.

ESTRATÉGIAS PARA DEFINIR PREÇOS COMPETITIVOS

- **Análise de mercado:** Mantenha-se informado sobre como seus concorrentes estão precificando serviços similares. Isso ajuda a garantir que seus preços estejam em linha com o mercado, mas ainda assim destacando o valor adicional que você oferece.
- **Flexibilidade:** Esteja aberto para negociar com clientes, especialmente em contratos de longo prazo ou projetos de grande escala, onde preços personalizados podem ser mais apropriados.
- **Revisões periódicas:** Avalie e ajuste seus preços regularmente para refletir mudanças no mercado, na sua oferta de serviços e na sua própria experiência e reputação.

A precificação é mais do que apenas um número; é uma comunicação do valor que seu serviço oferece. Uma estratégia de precificação bem pensada não só garante a lucratividade, mas também reforça a percepção de valor do seu trabalho junto aos clientes.

Preparado para mergulhar em como usar efetivamente o marketing de conteúdo para atrair e engajar potenciais clientes? No próximo capítulo, "**MARKETING DE CONTEÚDO PARA CONSULTORES**", exploraremos técnicas para usar conteúdo educativo que não apenas informa, mas também envolve seu público-alvo, fortalecendo sua marca e expandindo sua base de clientes. Vamos continuar essa jornada juntos?

MARKETING DE CONTEÚDO PARA CONSULTORES

No competitivo mercado de consultoria, o marketing de conteúdo emerge como uma ferramenta poderosa para atrair e engajar potenciais clientes, estabelecendo sua autoridade e diferenciando sua marca. Este capítulo irá explorar como você pode efetivamente utilizar conteúdo educativo para construir uma presença sólida no mercado, capturar o interesse de seu público-alvo e criar um fluxo constante de leads qualificados.

POR QUE MARKETING DE CONTEÚDO É ESSENCIAL PARA CONSULTORES?

O marketing de conteúdo permite que você compartilhe seu conhecimento e expertise sem a necessidade de vendas diretas, o que pode ajudar a construir confiança e respeito com seu público. Ele oferece uma plataforma para demonstrar sua competência e insights, enquanto resolve as dúvidas e problemas de seus potenciais clientes, posicionando-o como a escolha ideal quando precisarem de consultoria.

TIPOS DE CONTEÚDO EFICAZES PARA CONSULTORES

1. **Blogs e artigos:** Publicações regulares em seu website podem melhorar seu SEO, ajudando mais clientes a encontrá-lo online. Escreva sobre tópicos que ressoem com suas áreas de especialização e as necessidades de seu público.
2. **E-books e guias:** Ofereça recursos mais profundos, como e-books ou guias práticos, que podem ser usados como ferramentas de geração de leads. Peça aos visitantes do seu site que forneçam seu e-mail em troca de acesso ao material, construindo assim sua lista de contatos.
3. **Vídeos:** Crie vídeos explicativos ou webinars que discutam tópicos complexos de maneira acessível. Vídeos são altamente envolventes e podem aumentar significativamente o tempo que os visitantes passam em seu site.

4. **Estudos de caso:** Demonstre como você resolveu problemas específicos para clientes anteriores através de estudos de caso detalhados. Estes são particularmente eficazes para mostrar seu processo e resultados, servindo como prova social de sua eficácia.

5. **Newsletters:** Mantenha seu público informado e engajado com atualizações regulares sobre sua área de especialidade, novos serviços, e insights da indústria, diretamente em seus e-mails.

ESTRATÉGIAS PARA MAXIMIZAR O IMPACTO DO SEU CONTEÚDO

- **Defina seu público-alvo:** Compreenda quem são seus clientes ideais e o que eles precisam. Isso ajudará a criar conteúdo que fale diretamente às suas preocupações e necessidades.
- **Utilize SEO:** Otimize seu conteúdo para motores de busca para melhorar sua visibilidade online. Palavras-chave relevantes, títulos atraentes e conteúdo de qualidade são fundamentais.
- **Promoção cruzada em plataformas sociais:** Compartilhe seu conteúdo em plataformas de redes sociais onde seu público passa tempo. Isso não só aumenta o alcance de seu conteúdo, mas também direciona tráfego para seu site.
- **Análise e ajuste:** Use ferramentas analíticas para monitorar o desempenho de seu conteúdo. Veja o que ressoa com seu público e ajuste sua estratégia conforme necessário para melhorar os resultados.

O marketing de conteúdo é uma ferramenta estratégica crucial para qualquer consultor que busca estabelecer uma marca forte e gerar leads qualificados. Ao investir em conteúdo de qualidade que educa e envolve, você não só constrói credibilidade, mas também estabelece uma conexão duradoura com seu público.

Pronto para expandir sua rede e aproveitar o poder do networking? No próximo capítulo, **"ESTRATÉGIAS DE NETWORKING EFETIVO"**, exploraremos técnicas valiosas para usar o networking a fim de gerar leads e oportunidades de negócios. Continue nesta jornada para fortalecer ainda mais sua prática de consultoria. Vamos adiante?

ESTRATÉGIAS DE NETWORKING EFETIVO

Networking é uma habilidade essencial para qualquer consultor, pois abrir portas para novas oportunidades de negócios, fortalecer relacionamentos profissionais e construir uma reputação robusta no mercado. Neste capítulo, vamos explorar estratégias eficazes de networking que podem ajudá-lo a conectar-se genuinamente com colegas, potenciais clientes e influenciadores na sua área de atuação.

A IMPORTÂNCIA DO NETWORKING NA CONSULTORIA

O networking efetivo permite que você acesse recursos, conhecimentos e oportunidades que, de outra forma, poderiam ser inacessíveis. Ele oferece uma via de duas mãos: você ganha insights e apoio, enquanto fornece valor e conhecimento aos outros. Além disso, uma rede sólida pode ser uma fonte contínua de referências e novos negócios.

IDENTIFICANDO OPORTUNIDADES DE NETWORKING

1. **Eventos do setor:** Participe regularmente de conferências, seminários e workshops relacionados ao seu campo de consultoria. Estes eventos são locais ideais para conhecer líderes de pensamento e potenciais clientes.

2. **Grupos profissionais:** Associe-se a grupos e organizações profissionais onde você pode encontrar outros consultores e profissionais de negócios com ideias afins. Participar ativamente pode aumentar sua visibilidade e estabelecer sua reputação como um membro valioso da comunidade.

3. **Plataformas de networking online:** Utilize plataformas como LinkedIn para construir e manter contatos profissionais. Compartilhe conteúdo relevante, participe de discussões e conecte-se com novas pessoas regularmente.

4. **Networking local:** Não subestime o poder do networking local. Participar de eventos da câmara de

comércio local e outros encontros de negócios pode abrir portas e conectar você com líderes empresariais na sua área.

MELHORES PRÁTICAS PARA NETWORKING EFETIVO

- **Seja proativo:** Não espere que as oportunidades venham até você. Seja o iniciador de conversas e projetos colaborativos.
- **Ouça mais do que fala:** Mostrar interesse genuíno pelas histórias e desafios de outras pessoas pode ajudar a construir relações mais fortes e memoráveis.
- **Ofereça valor:** Antes de pedir algo a alguém, pense em como você pode oferecer valor primeiro. Isso pode ser na forma de um recurso útil, uma introdução valiosa ou um conselho prático.
- **Mantenha contato:** Networking efetivo não termina após o primeiro encontro. Faça follow-ups regulares e mantenha-se presente na mente das pessoas. Isso pode ser através de mensagens de e-mail, chamadas de acompanhamento ou até mesmo um simples post nas redes sociais.

Networking não é apenas sobre coletar o maior número possível de contatos; é sobre criar relações significativas que podem gerar benefícios mútuos a longo prazo. Invista tempo e energia no desenvolvimento de sua rede e colha os frutos de uma carreira de consultoria mais conectada e bem-sucedida.

Pronto para transformar esses contatos em clientes? No próximo capítulo, **"O PODER DAS REFERÊNCIAS"**, exploraremos como cultivar e aproveitar referências para impulsionar as vendas e expandir sua prática de consultoria. Vamos seguir em frente nesta jornada de crescimento juntos?

O PODER DAS REFERÊNCIAS

As referências são uma das formas mais eficazes e confiáveis de gerar novos negócios para consultores. Este capítulo aborda como você pode cultivar e aproveitar referências para não apenas impulsionar suas vendas, mas também para solidificar a confiança e a lealdade dos clientes. Exploraremos estratégias para motivar os clientes a compartilhar sua experiência positiva com outros, transformando cada cliente satisfeito em um promotor ativo de seus serviços.

A IMPORTÂNCIA DAS REFERÊNCIAS NA CONSULTORIA

Referências geram um ciclo virtuoso de novos negócios com custo de aquisição significativamente mais baixo e maior taxa de conversão do que outros canais de marketing. Um cliente que chega até você por meio de uma referência já vem pré-selecionado e com um nível de confiança estabelecido, baseado na recomendação de alguém que ele respeita.

CONSTRUINDO UMA ESTRATÉGIA DE REFERÊNCIAS EFICAZ

1. **Excelência no serviço:** A base para receber referências é a entrega consistente de serviços excepcionais. Clientes satisfeitos são naturalmente mais propensos a falar positivamente sobre sua experiência.
2. **Solicite ativamente referências:** Não assuma que os clientes vão oferecer referências sem serem solicitados. Encontre o momento certo para pedir referências, geralmente após a entrega bem-sucedida de um projeto ou quando o cliente expressa satisfação.
3. **Facilite o processo de referência:** Forneça aos seus clientes ferramentas que facilitam a referência, como links para sua página de contato, materiais explicativos ou até mesmo um formulário simples que podem enviar aos amigos.
4. **Reconheça e recompense referências:** Mostre apreço por referências através de agradecimentos, bônus ou descontos. Isso não só gratifica o cliente que fez

a referência, mas também incentiva comportamentos futuros semelhantes.

EXEMPLOS DE COMO APROVEITAR REFERÊNCIAS

- **Testemunhos e estudos de caso:** Use testemunhos de clientes e estudos de caso detalhados em seu marketing. Mostrar histórias de sucesso reais aumenta sua credibilidade e mostra o impacto tangível de seu trabalho.
- **Programas de referência:** Implemente um programa de referência formal que ofereça incentivos tanto para o novo cliente quanto para quem o referenciou. Certifique-se de que os benefícios sejam atrativos e relevantes para ambos.
- **Networking continuado:** Mantenha-se em contato com clientes antigos. Periodicamente, lembre-os de seu trabalho e como você pode ajudar seus contatos.

Referências são uma força poderosa no mundo da consultoria, capaz de impulsionar significativamente o crescimento de seu negócio. Ao investir em relações de qualidade e implementar uma estratégia de referências estruturada, você maximiza suas chances de atrair novos clientes altamente qualificados.

Pronto para aplicar o que aprendeu sobre referências na prática de vendas consultivas? No próximo capítulo, "**VENDAS CONSULTIVAS**", exploraremos técnicas específicas de vendas que focam em entender e resolver os problemas dos clientes, solidificando ainda mais a confiança e expandindo seu sucesso em consultoria. Vamos avançar nesta jornada de sucesso juntos?

VENDAS CONSULTIVAS

Vendas consultivas são um método poderoso para consultores, pois foca em entender e solucionar as necessidades dos clientes de maneira personalizada e profunda. Este capítulo explora como você pode aplicar técnicas de vendas consultivas para aprimorar a interação com clientes e maximizar suas chances de sucesso. A venda consultiva não é apenas sobre vender um serviço, mas sobre estabelecer um relacionamento de confiança e parceria.

ENTENDENDO VENDAS CONSULTIVAS

Vendas consultivas são baseadas na ideia de que o vendedor atua mais como um consultor confiável do que como um vendedor tradicional. Esse método requer uma compreensão aprofundada das necessidades, desafios e objetivos do cliente. O objetivo é criar soluções que não apenas resolvam problemas imediatos, mas também promovam o sucesso a longo prazo do cliente.

PASSOS FUNDAMENTAIS DAS VENDAS CONSULTIVAS

1. **Pesquisa e preparação:** Antes de se encontrar com o cliente, faça uma pesquisa detalhada sobre sua empresa, indústria e concorrência. Isso mostra que você está bem informado e sério sobre ajudar.
2. **Escuta ativa:** Durante reuniões com clientes, pratique a escuta ativa. Entenda não apenas o que é dito, mas também o que não é expresso diretamente. Isso ajuda a identificar verdadeiramente as necessidades do cliente.
3. **Diagnóstico de problemas:** Use as informações coletadas para diagnosticar problemas (alguns dos quais o cliente pode não estar ciente). Apresente esses problemas de forma clara, baseando-se em dados e exemplos concretos.
4. **Soluções personalizadas:** Ofereça soluções que sejam diretamente alinhadas com as necessidades e objetivos do cliente. Personalize suas propostas para mostrar como você pode atender às necessidades específicas deles.

5. **Fechamento colaborativo:** Invista no fechamento da venda como um processo colaborativo, onde você e o cliente trabalham juntos para ajustar e refinar a solução proposta até que atenda completamente às necessidades do cliente.

CONSTRUINDO CREDIBILIDADE E CONFIANÇA

- **Forneça evidências:** Utilize estudos de caso, depoimentos e dados de performance para apoiar suas recomendações. Evidências tangíveis aumentam sua credibilidade.
- **Seja transparente:** Seja honesto sobre o que sua consultoria pode e não pode fazer. A transparência é vital para construir confiança.
- **Follow-up:** Após a venda, mantenha contato com o cliente para garantir que as soluções estejam funcionando como esperado. Isso mostra compromisso com o sucesso do cliente a longo prazo.

A adesão ao modelo de vendas consultivas pode transformar a maneira como você interage com clientes, elevando sua prática de consultoria a novos patamares de profissionalismo e eficácia. Este método permite que você se posicione como um verdadeiro parceiro do cliente, contribuindo significativamente para o seu sucesso.

Preparado para aprofundar suas habilidades em negociar com eficácia? No próximo capítulo, **"NEGOCIAÇÃO EM CONSULTORIA"**, exploraremos métodos para negociar contratos que sejam vantajosos para ambas as partes. Vamos continuar a enriquecer suas técnicas de consultoria com foco em resultados excepcionais. Vamos juntos?

NEGOCIAÇÃO EM CONSULTORIA

Negociação é uma habilidade essencial para consultores, que frequentemente enfrentam o desafio de alinhar suas propostas de valor com as expectativas e orçamentos dos clientes. Este capítulo vai ajudar você a desenvolver métodos eficazes para negociar contratos de consultoria, garantindo que ambos, você e seus clientes, saiam satisfeitos e comprometidos com o sucesso mútuo.

ENTENDENDO A DINÂMICA DA NEGOCIAÇÃO

Negociar não é apenas sobre chegar a um acordo sobre o preço. É um processo complexo que envolve discussão de termos de serviço, escopo do projeto, cronogramas e, às vezes, garantias pós-venda. Uma boa negociação deve visar um acordo que beneficie ambas as partes, criando uma parceria duradoura baseada no respeito e confiança mútuos.

ESTRATÉGIAS DE NEGOCIAÇÃO PARA CONSULTORES

1. **Preparação e pesquisa:** Antes de entrar em uma negociação, prepare-se meticulosamente. Entenda as necessidades do cliente, seus pontos de pressão e seu orçamento. Tenha uma clara compreensão de seus próprios limites e objetivos.

2. **Construa relacionamentos:** Comece a negociação estabelecendo um relacionamento positivo. Mostrar empatia e interesse genuíno pode criar uma atmosfera favorável para um diálogo aberto.

3. **Comunique claramente seu valor:** Certifique-se de que o cliente entenda o valor que você está trazendo. Reforce como suas soluções podem resolver os problemas deles ou melhorar sua situação atual.

4. **Seja flexível, mas firme:** Esteja aberto a diferentes configurações e soluções, mas seja firme nos pontos que são cruciais para a viabilidade do seu serviço. Saiba quando e onde fazer concessões sem comprometer a qualidade e a integridade do seu trabalho.

5. **Fechamento estratégico:** Saiba reconhecer o momento

certo para fechar a negociação. Uma vez que todas as partes estão razoavelmente satisfeitas, resuma os termos acordados para evitar mal-entendidos futuros e solidificar o compromisso.

TÁTICAS PARA LIDAR COM OBJEÇÕES

- **Antecipe objeções comuns:** Prepare-se com respostas para possíveis objeções que os clientes podem levantar sobre custos, escopo ou a duração dos serviços.
- **Use a técnica do "Sim, e...":** Quando enfrentar uma objeção, valide-a ("sim") e adicione informações que possam aliviar a preocupação ("e..."), mostrando como você pode ajustar a oferta para atender às necessidades do cliente.
- **Transforme objeções em oportunidades:** Veja cada objeção como uma chance de entender melhor o cliente e refinar sua proposta para melhor atender às suas necessidades.

A habilidade de negociar efetivamente é crucial para o sucesso na consultoria. Ao aplicar as estratégias discutidas, você será capaz de conduzir negociações que não apenas resultem em contratos lucrativos, mas que também construam a base para relações duradouras e produtivas com seus clientes.

Pronto para explorar como manter e cultivar essas relações a longo prazo? No próximo capítulo, **"GERENCIAMENTO DE RELACIONAMENTOS COM CLIENTES"**, vamos discutir estratégias para desenvolver e manter relacionamentos de longo prazo com seus clientes, que são a espinha dorsal de qualquer prática de consultoria bem-sucedida. Vamos juntos avançar nesta jornada?

GERENCIAMENTO DE RELACIONAMENTOS COM CLIENTES

O sucesso a longo prazo em consultoria depende fortemente de manter e cultivar relacionamentos duradouros com os clientes. Este capítulo explora estratégias eficazes para gerenciar essas relações, garantindo que você não apenas atenda às expectativas dos clientes, mas também as supere, fomentando um ambiente de confiança e colaboração contínua.

A IMPORTÂNCIA DOS RELACIONAMENTOS DURADOUROS

Relacionamentos de longo prazo com clientes trazem benefícios mútuos: para o cliente, a continuidade permite um serviço mais personalizado que evolui com suas necessidades; para o consultor, relações estáveis geram fluxos de receita previsíveis e oportunidades de novos negócios por meio de referências.

CONSTRUINDO RELACIONAMENTOS FORTES

1. **Comunicação regular e aberta:** Manter linhas de comunicação abertas é crucial. Isso inclui atualizações regulares sobre o andamento dos projetos e discussões sobre mudanças nas necessidades ou objetivos do cliente.
2. **Entendimento profundo das necessidades do cliente:** Aprofunde-se nas metas de negócios de seus clientes e nas forças que dirigem seu mercado. Quanto mais você entender seus desafios e objetivos, melhor será capaz de servi-los.
3. **Resposta rápida a problemas:** Seja rápido e eficiente ao resolver quaisquer problemas ou preocupações que surjam. Isso mostra ao cliente que você está comprometido com a qualidade do serviço e sua satisfação.
4. **Antecipação de necessidades:** Não espere que os clientes venham até você com todos os seus problemas. Seja proativo, antecipando as necessidades que eles podem ter no futuro e sugerindo soluções antes mesmo de se tornarem uma preocupação urgente.

ESTRATÉGIAS PARA MELHORAR A RETENÇÃO DE CLIENTES

- **Personalização do serviço:** Adapte seus serviços para atender às necessidades específicas de cada cliente. Uma abordagem personalizada aumenta a relevância e o valor percebido do seu trabalho.
- **Ofertas de valor adicionado:** Considere oferecer serviços adicionais que complementem o trabalho que você já realiza para o cliente, como sessões de treinamento, webinars educacionais ou análises periódicas de desempenho.
- **Programas de fidelidade:** Implemente programas que recompensem clientes de longa data por sua lealdade. Isso pode incluir descontos, serviços exclusivos ou acesso a eventos especiais.

UTILIZANDO FEEDBACK PARA MELHORAR O SERVIÇO

- **Solicitação ativa de feedback:** Encoraje os clientes a compartilhar suas impressões sobre seu trabalho. Isso não apenas fornece informações valiosas para melhorar seus serviços, mas também faz com que os clientes se sintam valorizados e ouvidos.
- **Análise e implementação de feedback:** Use o feedback recebido para fazer ajustes concretos em seus serviços. Demonstrar que você está disposto a evoluir com base nas sugestões dos clientes pode fortalecer significativamente a confiança e a lealdade deles.

Gerenciar relacionamentos com clientes é uma arte que requer dedicação, empatia e uma abordagem proativa. Investir em relações sólidas e duradouras não é apenas uma boa prática de negócios; é uma estratégia essencial para garantir o crescimento sustentável e a satisfação do cliente em sua prática de consultoria.

Pronto para demonstrar ainda mais seu valor e sucesso através de estudos de caso? No próximo capítulo, **"USO DE CASOS**

DE ESTUDO", exploraremos como você pode usar casos de estudo para não apenas provar sua competência e sucesso, mas também para capturar a imaginação de potenciais clientes. Vamos continuar aprofundando suas habilidades e conhecimentos?

USO DE CASOS DE ESTUDO

Casos de estudo são ferramentas extremamente poderosas para demonstrar a eficácia de seus serviços de consultoria. Eles não apenas destacam suas competências e sucessos anteriores, mas também fornecem uma narrativa convincente que potenciais clientes podem visualizar e relacionar com suas próprias necessidades. Este capítulo abordará como você pode efetivamente usar casos de estudo para reforçar sua credibilidade e atrair mais clientes.

POR QUE USAR CASOS DE ESTUDO?

Casos de estudo servem como prova concreta do seu sucesso e habilidade em resolver problemas complexos. Eles transformam conceitos abstratos em resultados tangíveis e permitem que potenciais clientes vejam como você aplicou seu conhecimento e habilidades em situações reais. Além disso, eles podem ser usados para educar clientes sobre o processo de consultoria e os resultados esperados.

CRIANDO CASOS DE ESTUDO EFICAZES

1. **Seleção do projeto:** Escolha projetos que representem bem sua área de expertise e que tenham histórias de sucesso claras. É importante que os casos selecionados ressoem com o tipo de cliente que você deseja atrair.
2. **Estrutura do caso de estudo:** Um caso de estudo eficaz deve conter:
   - **Contexto:** Descreva o cliente, o problema que enfrentavam e por que escolheram sua consultoria.
   - **Processo:** Explique como você abordou o problema, as estratégias utilizadas e quaisquer desafios enfrentados.
   - **Resultados:** Destaque os resultados concretos obtidos e como eles beneficiaram o cliente.
   - **Depoimentos:** Incluir citações ou depoimentos do cliente acrescenta uma camada de

autenticidade e emoção.

3. **Visuais e dados:** Use gráficos, tabelas e outras representações visuais para tornar os dados mais acessíveis e a história mais atraente.

DIVULGANDO SEUS CASOS DE ESTUDO

- **Website e materiais de marketing:** Publique seus casos de estudo em seu website, crie brochuras ou ebooks que os clientes possam baixar. Isso não apenas aumenta sua visibilidade, mas também serve como material de referência para clientes interessados.
- **Redes sociais e blogs:** Compartilhe seus casos de estudo nas redes sociais e escreva posts de blog que detalhem aspectos específicos dos casos. Isso pode gerar discussões e atrair atenção para sua expertise.
- **Propostas e apresentações:** Inclua casos de estudo relevantes em suas propostas e apresentações para novos clientes. Eles são evidências convincentes de seu sucesso anterior e podem ajudar a fechar novos negócios.

AVALIANDO O IMPACTO DOS CASOS DE ESTUDO

- **Feedback do cliente:** Solicite feedback dos clientes sobre como os casos de estudo influenciaram sua decisão de contratar seus serviços.
- **Análise de desempenho:** Monitore o tráfego e a interação com os casos de estudo em seu website e redes sociais. Use esses dados para ajustar sua abordagem e melhorar o conteúdo.

Casos de estudo são narrativas poderosas que comprovam sua habilidade em gerar resultados significativos e duradouros para seus clientes. Eles não só aumentam sua credibilidade, mas também são fundamentais para convencer potenciais clientes do valor real que você pode agregar aos seus negócios.

Pronto para ajustar sua abordagem às mudanças do mercado? No próximo capítulo, **"ADAPTAÇÃO ÀS MUDANÇAS DE MERCADO"**, exploraremos táticas para manter sua prática de consultoria relevante e eficaz em um ambiente de negócios em constante mudança. Vamos avançar para garantir que você continue na vanguarda da consultoria?

ADAPTAÇÃO ÀS MUDANÇAS DE MERCADO

A capacidade de se adaptar a mudanças no mercado é crucial para manter sua prática de consultoria relevante e eficaz. Neste capítulo, exploraremos estratégias para ajustar sua abordagem em resposta às tendências emergentes e às evoluções do setor, garantindo que você continue a oferecer valor significativo aos seus clientes mesmo em tempos de incerteza.

COMPREENDENDO A DINÂMICA DO MERCADO

O primeiro passo para adaptar-se às mudanças de mercado é entender as forças que moldam essas mudanças. Isso inclui estar ciente de tendências econômicas, desenvolvimentos tecnológicos, novas regulamentações e mudanças nas expectativas dos consumidores. Manter-se informado através de pesquisa contínua e análise de mercado é fundamental.

ESTRATÉGIAS DE ADAPTAÇÃO

1. **Flexibilidade nos serviços oferecidos:** Esteja pronto para ajustar sua oferta de serviços para atender às novas necessidades dos clientes. Isso pode incluir a introdução de novos serviços, a descontinuação de outros menos relevantes ou a modificação de métodos de entrega.
2. **Capacitação contínua:** Invista em sua própria educação e na de sua equipe. Participar de cursos, workshops e seminários sobre as últimas tendências do setor não só amplia suas habilidades, mas também demonstra seu compromisso com a excelência.
3. **Tecnologia e inovação:** Adote novas tecnologias que possam melhorar a eficiência e a eficácia de seus serviços. Ferramentas digitais podem ajudar a otimizar processos internos e a experiência do cliente, além de abrir novos canais de comunicação e marketing.
4. **Parcerias estratégicas:** Formar alianças com outras empresas pode oferecer novos insights e recursos que ajudam a adaptar seus serviços às necessidades do mercado. Essas parcerias podem também expandir seu

alcance de mercado e base de clientes.

5. **Feedback do cliente:** Encoraje e valorize o feedback regular dos clientes. Entender suas experiências e expectativas pode fornecer informações valiosas sobre como melhor adaptar seus serviços.

IMPLEMENTANDO MUDANÇAS

- **Planejamento cuidadoso:** Antes de implementar qualquer mudança, planeje cuidadosamente para minimizar perturbações e garantir uma transição suave para os clientes.
- **Comunicação clara:** Comunique qualquer mudança de forma clara e eficaz para todos os stakeholders. Explique os motivos das mudanças e os benefícios esperados para os clientes.
- **Monitoramento e ajuste:** Após implementar mudanças, monitore o impacto dessas alterações no seu negócio e ajuste conforme necessário para otimizar resultados e satisfação do cliente.

Adaptar-se às mudanças de mercado não é apenas uma necessidade; é uma oportunidade para inovar e crescer. Ao permanecer ágil e receptivo às tendências do setor e às necessidades dos clientes, você pode não apenas sobreviver em um ambiente de negócios em constante mudança, mas também prosperar.

Pronto para explorar as ferramentas digitais que podem otimizar sua venda e entrega de serviços? No próximo capítulo, **"FERRAMENTAS DIGITAIS PARA CONSULTORES"**, vamos mergulhar nas tecnologias que estão transformando o setor de consultoria e como você pode utilizá-las para aprimorar sua prática. Vamos continuar na vanguarda da inovação?

FERRAMENTAS DIGITAIS PARA CONSULTORES

A adoção de ferramentas digitais é essencial para consultores que desejam otimizar suas operações e aprimorar a entrega de serviços. Este capítulo explora diversas tecnologias que podem transformar a maneira como você interage com clientes, gerencia projetos e comercializa seus serviços, proporcionando maior eficiência e melhores resultados.

A IMPORTÂNCIA DAS FERRAMENTAS DIGITAIS

Em um mercado cada vez mais digital, as ferramentas tecnológicas não são apenas facilitadoras; elas são diferenciadoras. Elas permitem que consultores se destaquem pela eficiência, qualidade de serviço e capacidade de resposta rápida às necessidades dos clientes.

TIPOS DE FERRAMENTAS DIGITAIS PARA CONSULTORES

1. **CRM (Customer Relationship Management):** Sistemas de CRM ajudam a gerenciar e analisar interações com clientes ao longo de todo o ciclo de relacionamento. Eles facilitam o acompanhamento de leads, a gestão de contatos, a execução de campanhas de marketing e o fornecimento de serviços personalizados.
2. **Plataformas de colaboração e comunicação:** Ferramentas como Slack, Microsoft Teams e Zoom permitem comunicação e colaboração em tempo real com equipes e clientes, independentemente da localização geográfica.
3. **Ferramentas de gestão de projetos:** Softwares como Asana, Trello e Monday.com ajudam a planejar, organizar e rastrear projetos de forma eficiente. Eles são indispensáveis para manter prazos, delegar tarefas e monitorar progressos.
4. **Softwares de análise de dados:** Ferramentas de análise e visualização de dados, como Tableau e Google Analytics, são cruciais para extrair insights de grandes volumes de dados, permitindo que você faça recomendações

baseadas em evidências.

5. **Automatização de marketing:** Plataformas como HubSpot e Mailchimp automatizam tarefas repetitivas de marketing, como e-mail marketing, social media marketing e geração de leads, aumentando a eficiência e a eficácia das campanhas.

IMPLEMENTANDO FERRAMENTAS DIGITAIS

- **Avaliação das necessidades:** Determine quais processos poderiam ser melhorados com tecnologia. Considere suas necessidades específicas de negócios e as necessidades dos seus clientes.
- **Escolha de ferramentas:** Selecione ferramentas que melhor se alinhem com suas necessidades e que se integrem facilmente com outras tecnologias já em uso.
- **Treinamento e adoção:** Treine sua equipe para usar as novas ferramentas eficientemente. A adoção bem-sucedida muitas vezes depende de uma compreensão clara de como as ferramentas contribuem para os objetivos de negócios.
- **Avaliação contínua:** Monitore o impacto das ferramentas no seu negócio e faça ajustes conforme necessário. Esteja aberto a experimentar novas tecnologias à medida que surgem.

Ferramentas digitais oferecem uma variedade de benefícios, desde a melhoria da eficiência operacional até a otimização da experiência do cliente. Ao integrar a tecnologia certa em sua prática de consultoria, você pode não apenas aumentar sua produtividade, mas também proporcionar um serviço de maior qualidade que se destaca no mercado competitivo.

Pronto para a próxima etapa? No próximo capítulo, **"DESENVOLVIMENTO DE PROPOSTAS VENCEDORAS"**, vamos discutir como criar propostas que não só capturam a atenção dos clientes, mas que também os convencem a escolher seus serviços.

Vamos avançar para garantir que suas propostas sejam tão eficazes quanto possível?

DESENVOLVIMENTO DE PROPOSTAS VENCEDORAS

Criar propostas vencedoras é uma habilidade essencial para consultores, pois é através delas que você apresenta sua competência, entende as necessidades do cliente e propõe soluções que ressoem de maneira convincente. Este capítulo oferece orientações detalhadas sobre como estruturar propostas que não apenas se destaquem, mas também persuadam os clientes a escolher seus serviços.

A IMPORTÂNCIA DE UMA PROPOSTA BEM ELABORADA

Uma proposta eficaz deve fazer mais do que apenas descrever os serviços que você oferece. Ela deve conectar-se com o cliente em um nível que aborde seus problemas específicos, apresente soluções claras e demonstre o valor que você pode agregar à organização deles. A proposta é, muitas vezes, o primeiro passo decisivo para estabelecer um relacionamento duradouro com o cliente.

ELEMENTOS DE UMA PROPOSTA VENCEDORA

1. **Entendimento claro das necessidades do cliente:** Antes de começar a escrever sua proposta, certifique-se de que você tem uma compreensão profunda das necessidades e desafios do cliente. Isso pode ser obtido através de reuniões iniciais, questionários ou análise de briefings fornecidos pelo cliente.
2. **Objetivos e metas bem definidos:** Especifique claramente como os serviços propostos ajudarão o cliente a alcançar seus objetivos. Isso inclui a definição de metas específicas, mensuráveis e temporais.
3. **Descrição detalhada dos serviços:** Forneça uma explicação detalhada de cada serviço que você está propondo, como ele será executado e por que é a melhor solução para o cliente.
4. **Demonstração de valor e ROI:** Destaque o retorno sobre o investimento que o cliente pode esperar. Use dados, estatísticas ou estudos de caso para fundamentar suas

afirmações e mostrar a eficácia de suas soluções.

5. **Cronograma realista:** Inclua um cronograma para a execução do projeto, mostrando as fases principais e os marcos. Isso transmite organização e a capacidade de entregar resultados dentro de um prazo estipulado.

6. **Estrutura de custos transparente:** Apresente uma estrutura de custos clara que detalhe como os preços são calculados. Ser transparente sobre os custos ajuda a construir confiança e evita mal-entendidos futuros.

7. **Termos e condições claros:** Especifique os termos e condições da proposta, incluindo qualquer garantia ou suporte pós-venda que você ofereça.

DICAS PARA TORNAR SUA PROPOSTA MAIS ATRAENTE

- **Personalização:** Customize cada proposta para refletir a marca e a cultura do cliente. Isso mostra que você não está apenas reciclando uma proposta genérica, mas que investiu tempo para criar algo específico para eles.
- **Facilidade de leitura:** Use cabeçalhos, listas de marcadores e gráficos para tornar a proposta visualmente agradável e fácil de ler. Textos densos podem desencorajar o cliente de ler a proposta completamente.
- **Chamada para ação:** Inclua uma chamada clara para ação no final da proposta. Encoraje o cliente a entrar em contato com você para discutir a proposta em mais detalhes ou para dar o próximo passo no processo.

Uma proposta bem elaborada é a chave para converter oportunidades em contratos efetivos. Ao aplicar as diretrizes e técnicas descritas, você estará bem equipado para criar propostas que não apenas capturem a atenção dos clientes, mas que também os convençam de que você é a escolha certa para suas necessidades de consultoria.

Pronto para lidar com as objeções mais comuns que podem

surgir durante o processo de vendas? No próximo capítulo, **"SUPERANDO OBJEÇÕES DE VENDAS"**, exploraremos técnicas eficazes para responder a objeções e garantir que você possa manter o diálogo produtivo e progressivo com seus potenciais clientes. Vamos continuar aprimorando suas habilidades de consultoria?

SUPERANDO
OBJEÇÕES DE VENDAS

Superar objeções é uma parte crucial do processo de vendas em consultoria. Cada objeção é uma oportunidade para entender melhor as preocupações do cliente e reafirmar o valor dos seus serviços. Este capítulo discute técnicas para lidar eficazmente com objeções comuns, transformando potenciais barreiras em motivos convincentes para avançar com sua proposta.

ENTENDENDO AS OBJEÇÕES DE VENDAS

Objecções em vendas muitas vezes surgem de dúvidas ou preocupações que o cliente tem sobre o investimento em seus serviços. Elas podem estar relacionadas ao custo, à adequação do serviço às necessidades do cliente, à confiança na capacidade de entregar resultados, ou à urgência da compra. Identificar a raiz das objeções é o primeiro passo para poder responder a elas de maneira eficaz.

ESTRATÉGIAS PARA SUPERAR OBJEÇÕES

1. **Escuta ativa:** Ouça cuidadosamente o que o cliente está dizendo sem interromper. Muitas vezes, a maneira como uma objeção é expressa pode fornecer insights sobre suas verdadeiras preocupações.
2. **Esclareça a objeção:** Certifique-se de que você entendeu corretamente a objeção fazendo perguntas de esclarecimento. Isso mostra ao cliente que você está genuinamente interessado em resolver suas preocupações.
3. **Reformule a objeção como uma necessidade:** Transforme a objeção em uma expressão de uma necessidade ou preocupação que o cliente tem, e então demonstre como seu serviço pode atender a essa necessidade.
4. **Forneça evidências:** Use dados, estudos de caso ou depoimentos para validar suas afirmações. Mostrar evidências de sucesso anterior pode reduzir a ansiedade e construir credibilidade.

5. **Ofereça soluções alternativas:** Se a objeção não puder ser completamente superada, ofereça soluções alternativas ou ajustes no seu serviço que possam atender às preocupações do cliente.

TÉCNICAS COMUNS PARA LIDAR COM OBJEÇÕES ESPECÍFICAS

- **Custo:** Se o custo é a principal preocupação, justifique o preço com o retorno sobre o investimento (ROI) que o cliente pode esperar. Discuta como seu serviço pode economizar dinheiro a longo prazo ou contribuir para o crescimento dos negócios.
- **Timing:** Se o cliente não sentir urgência, enfatize a importância de agir rapidamente devido a condições de mercado ou oportunidades que possam ser perdidas.
- **Confiabilidade:** Se houver dúvidas sobre a capacidade de entregar resultados, referencie clientes anteriores que tiveram sucesso com serviços semelhantes. Ofereça garantias se apropriado.
- **Fit:** Se o cliente estiver preocupado com a adequação do serviço, discuta como você pode personalizar sua abordagem para atender exatamente às necessidades deles.

Superar objeções não é apenas sobre responder perguntas, mas sobre reforçar a relação de confiança e mostrar seu compromisso em alcançar o melhor resultado para o cliente. Ao adotar estas técnicas, você transformará dúvidas em diálogos construtivos e abrirá caminho para fechar mais vendas.

Pronto para aprender a finalizar essas negociações de forma bem-sucedida? No próximo capítulo, **"FECHAR A VENDA"**, exploraremos estratégias para converter essas discussões em contratos assinados, solidificando assim a transição de potenciais clientes para clientes ativos. Vamos continuar a aprimorar suas habilidades de vendas?

FECHAR A VENDA

Fechar a venda é o momento crítico em que todas as suas interações e esforços com o cliente convergem para uma decisão final. Este capítulo oferece estratégias eficazes para você converter as negociações em contratos assinados, assegurando que seus esforços de vendas culminem em sucesso.

COMPREENDENDO O MOMENTO DE FECHAMENTO

Identificar o momento certo para fechar a venda é essencial. Este momento geralmente chega quando você já abordou todas as objeções do cliente, demonstrou claramente o valor de seus serviços e sente que o cliente está pronto para dar o próximo passo. Ser capaz de ler esses sinais corretamente e agir de acordo é uma habilidade crucial.

TÉCNICAS DE FECHAMENTO EFICAZES

1. **Fechamento direto:** Após abordar todas as preocupações do cliente, faça uma pergunta direta para fechar a venda, como "Podemos começar com o projeto na próxima segunda-feira?".
2. **Resumo do fechamento:** Resuma todos os benefícios e valores que sua consultoria oferece e pergunte se o cliente está pronto para proceder. Isso reforça o valor e ajuda a solidificar a decisão.
3. **Fechamento por alternativa:** Dê ao cliente duas opções que ambos levem ao fechamento, como escolher entre dois pacotes de serviços. Isso limita a decisão a qual opção escolher, e não a decidir entre contratar ou não.
4. **Fechamento condicional:** Use condições para superar as últimas hesitações, como "Se eu puder ajustar o cronograma como você precisa, você está pronto para começar este projeto conosco?".

SUPERANDO O MEDO DO COMPROMISSO

Muitos clientes hesitam no último momento devido ao medo do compromisso. Para superar isso:

- **Reforce o suporte e o acompanhamento:** Garanta ao cliente que ele não está sozinho após a assinatura do contrato. Destaque o suporte contínuo e os recursos que estarão disponíveis.
- **Minimize o risco:** Ofereça garantias ou mencione políticas de cancelamento flexíveis, se aplicável. Mostrar que você está confiante o suficiente para oferecer essas opções pode ajudar a aliviar as preocupações do cliente.
- **Testemunhos e casos de sucesso:** Relembre histórias de sucesso de outros clientes, especialmente aqueles que estavam inicialmente hesitantes.

Fechar a venda é tanto uma arte quanto uma ciência. Requer entender as necessidades e comportamentos do cliente, bem como aplicar técnicas de fechamento que incentivem uma decisão positiva. Com a prática e a aplicação das estratégias discutidas, você será capaz de aumentar suas taxas de conversão e construir uma base sólida de clientes satisfeitos.

Pronto para levar suas habilidades para um contexto global? No próximo capítulo, "**CULTURA E VENDAS INTERNACIONAIS**", exploraremos como adaptar suas estratégias de vendas para diferentes culturas e mercados internacionais, garantindo eficácia e respeito pelas diversidades culturais. Vamos avançar para expandir seus horizontes de mercado?

CULTURA E VENDAS INTERNACIONAIS

Ao expandir suas operações de consultoria para mercados internacionais, entender e respeitar as diferenças culturais torna-se crucial. Este capítulo foca em como adaptar suas estratégias de vendas para atender efetivamente a diversas culturas, garantindo que suas abordagens sejam sensíveis e eficazes no cenário global.

A IMPORTÂNCIA DA SENSIBILIDADE CULTURAL

A sensibilidade cultural é fundamental para o sucesso no mercado global. Ela envolve entender e respeitar as normas culturais, valores, etiquetas e expectativas de comunicação de diferentes países e regiões. Uma abordagem que funciona bem em um país pode não ser eficaz ou até mesmo ser mal vista em outro.

ESTRATÉGIAS PARA ADAPTAÇÃO CULTURAL

1. **Pesquisa cultural:** Antes de entrar em um novo mercado, invista tempo e recursos na compreensão do contexto cultural. Isso pode incluir estudos sobre práticas de negócios locais, preferências de comunicação e decisões de compra.
2. **Treinamento e consultoria:** Considere trabalhar com consultores culturais ou participar de treinamentos que possam preparar você e sua equipe para interagir efetivamente com clientes internacionais.
3. **Adaptação de materiais de marketing:** Customize seus materiais de marketing para refletir o idioma, valores e estética local. Isso mostra respeito pela cultura do cliente e aumenta a relevância da sua comunicação.
4. **Flexibilidade nas negociações:** Esteja preparado para adaptar seu estilo de negociação conforme necessário. Alguns culturas preferem um processo de negociação mais direto, enquanto outras valorizam relacionamentos de longo prazo e discussões detalhadas antes de fechar um negócio.
5. **Utilização de tradutores e intérpretes:** Em situações onde barreiras linguísticas possam ser um obstáculo,

empregar serviços de tradutores ou intérpretes pode ajudar a garantir que suas mensagens sejam claramente compreendidas.

CONSIDERAÇÕES LEGAIS E ÉTICAS

- **Conformidade legal:** Assegure-se de que suas operações estejam em conformidade com as leis locais e internacionais. Isso inclui regulamentos de comércio, leis trabalhistas e padrões de privacidade de dados.
- **Ética nos negócios:** Mantenha um alto padrão de ética em todas as suas operações. Isso é especialmente importante em mercados internacionais, onde práticas de negócios podem diferir significativamente.

DESAFIOS COMUNS E COMO SUPERÁ-LOS

- **Diferenças de fuso horário:** Gerenciar diferenças de fuso horário requer planejamento cuidadoso para garantir comunicações oportunas e eficazes.
- **Distâncias físicas:** Utilize tecnologia para manter uma comunicação regular e efetiva, e planeje visitas presenciais quando possível e necessário para fortalecer relacionamentos.

Expandir sua consultoria para o mercado internacional é uma oportunidade excitante que requer uma abordagem meticulosamente adaptada. Compreendendo e respeitando as diferenças culturais, você pode construir relacionamentos duradouros e bem-sucedidos com clientes ao redor do mundo.

Pronto para medir o sucesso de suas estratégias de vendas? No próximo capítulo, "**MEDINDO O SUCESSO EM VENDAS DE CONSULTORIA**", exploraremos métodos para avaliar e otimizar o desempenho de suas vendas, garantindo que você continue a crescer e a se adaptar de forma eficaz. Vamos avançar para entender como monitorar e melhorar continuamente suas práticas de vendas?

MEDINDO O SUCESSO EM VENDAS DE CONSULTORIA

Avaliar o desempenho de suas estratégias de vendas é crucial para entender o que está funcionando e o que precisa ser ajustado. Este capítulo aborda métodos para medir o sucesso de suas vendas de consultoria, permitindo que você faça ajustes informados e otimize suas práticas para alcançar resultados ainda melhores.

ESTABELECENDO MÉTRICAS DE SUCESSO

Para medir eficazmente o sucesso, é essencial definir quais métricas são mais relevantes para seus objetivos de negócio. Algumas métricas comuns incluem:

1. **Taxa de conversão:** A porcentagem de potenciais clientes que se tornam clientes pagantes. Isso ajuda a avaliar a eficácia de suas técnicas de vendas e propostas.
2. **Valor médio do contrato:** O valor médio dos contratos assinados. Isso pode indicar se você está conseguindo vender soluções mais completas ou de maior valor.
3. **Ciclo de vendas:** O tempo médio necessário para fechar um contrato desde o primeiro contato. Ciclos mais curtos podem indicar uma maior eficiência nas vendas.
4. **Satisfação do cliente:** Medida através de feedback direto e pesquisas de satisfação. Isso reflete não apenas a qualidade de sua entrega de serviços, mas também o sucesso de suas interações de vendas.
5. **Taxa de retenção de clientes:** Indica quantos clientes continuam a fazer negócios com você após a conclusão inicial do contrato. Altas taxas de retenção são um sinal de serviço ao cliente de alta qualidade e satisfação.

UTILIZANDO FERRAMENTAS DE ANÁLISE

Para coletar e analisar dados eficientemente, considere utilizar software de CRM (Customer Relationship Management), que pode ajudar a rastrear interações com clientes, vendas concluídas, e outras métricas importantes. Ferramentas de análise digital também podem fornecer insights sobre o comportamento dos clientes em seu website e eficácia de campanhas de marketing digital.

AJUSTANDO ESTRATÉGIAS BASEADO EM DADOS

Com base nos dados coletados, faça ajustes nas suas estratégias de vendas para abordar pontos fracos e capitalizar em áreas de sucesso. Por exemplo:

- **Refinar abordagens de vendas:** Se a taxa de conversão está baixa, você pode precisar revisar suas técnicas de fechamento ou melhorar as qualificações dos leads.
- **Ajustar propostas de valor:** Se o valor médio do contrato está abaixo do esperado, considere ajustar suas propostas para incluir mais valor ou realinhar seus preços.
- **Melhorar o suporte ao cliente:** Se a satisfação do cliente não está no nível desejado, implemente melhorias no serviço ao cliente ou ofereça treinamento adicional à sua equipe.

Medir o sucesso em vendas de consultoria é um processo contínuo que requer atenção constante às métricas e disposição para adaptar estratégias conforme necessário. Ao se comprometer com uma análise rigorosa e contínua, você garante que sua prática de consultoria não apenas atenda às expectativas do mercado, mas as supere.

Pronto para continuar desenvolvendo suas habilidades? No próximo capítulo, "**CAPACITAÇÃO E TREINAMENTO CONTÍNUO**", discutiremos a importância de investir no desenvolvimento contínuo de suas habilidades e de sua equipe para manter a competitividade no mercado. Vamos avançar para garantir que você continue à frente na sua carreira de consultoria?

CAPACITAÇÃO E TREINAMENTO CONTÍNUO

A capacitação e o treinamento contínuo são fundamentais para manter a competitividade e a relevância no mercado de consultoria. Este capítulo aborda a importância de investir em seu desenvolvimento profissional e no de sua equipe, explorando estratégias eficazes para garantir que as habilidades permaneçam afiadas e alinhadas com as exigências do mercado.

A IMPORTÂNCIA DA EDUCAÇÃO CONTÍNUA

No dinâmico campo da consultoria, as demandas do mercado, as tecnologias e as melhores práticas estão em constante evolução. A capacitação contínua não só ajuda a melhorar a qualidade dos serviços que você oferece, como também demonstra um compromisso com a excelência e a adaptação às mudanças, elementos valorizados pelos clientes.

ESTRATÉGIAS PARA DESENVOLVIMENTO CONTÍNUO

1. **Treinamentos formais:** Investir em cursos, workshops e seminários relevantes para sua área de especialização. Isso pode incluir tópicos como novas tecnologias, métodos avançados de consultoria, gestão de negócios, ou mesmo habilidades interpessoais como liderança e comunicação.
2. **Certificações profissionais:** Obter certificações reconhecidas no setor pode não apenas aprimorar suas habilidades, mas também fortalecer sua credibilidade e atratividade no mercado.
3. **Aprendizado prático:** Envolver-se em projetos que desafiem suas habilidades atuais e permitam a aplicação prática de novos conhecimentos e técnicas.
4. **Mentoria e coaching:** Participar de programas de mentoria, seja como mentor ou como aprendiz, pode ser uma excelente maneira de trocar conhecimentos, aprender com a experiência de outros e expandir sua rede profissional.
5. **Aprendizado colaborativo:** Promover sessões de

aprendizado em equipe, onde os membros compartilham insights e conhecimentos sobre tendências do setor, estudos de caso ou inovações.

IMPLEMENTANDO UM PLANO DE DESENVOLVIMENTO

- **Avaliação de necessidades:** Regularmente, avalie as necessidades de desenvolvimento pessoais e de sua equipe. Identifique quais habilidades são necessárias para atender às demandas atuais e futuras do mercado.
- **Planejamento de desenvolvimento:** Crie um plano de desenvolvimento que alinhe as necessidades identificadas com as oportunidades de treinamento disponíveis. Defina metas claras e prazos para a realização desses objetivos.
- **Balanço entre trabalho e aprendizado:** Organize a capacitação de modo que ela complemente, e não comprometa, suas responsabilidades de trabalho. Isto pode incluir dedicar horas específicas para o aprendizado ou integrar o desenvolvimento profissional no fluxo de trabalho diário.

MEDINDO O IMPACTO DO DESENVOLVIMENTO

- **Feedback e avaliações:** Utilize feedbacks de clientes e avaliações de desempenho para medir o impacto do desenvolvimento no trabalho. Isso ajudará a ajustar o foco dos programas de treinamento para maximizar os benefícios.
- **ROI de treinamento:** Calcule o retorno sobre o investimento de atividades de treinamento, analisando melhorias na produtividade, qualidade do serviço e satisfação do cliente.

O investimento em capacitação e treinamento contínuo é crucial para sustentar o crescimento e a inovação em sua prática de consultoria. Ao manter-se educado e adaptável, você garante que sua consultoria não apenas sobreviva, mas prospere em um ambiente competitivo.

Pronto para explorar aspectos legais e éticos relevantes para consultores? No próximo capítulo, "**LEGISLAÇÃO E ÉTICA EM CONSULTORIA**", discutiremos orientações sobre como navegar pelos desafios legais e éticos dentro da indústria de consultoria. Vamos continuar a fortalecer sua base de conhecimento e prática profissional?

LEGISLAÇÃO E ÉTICA EM CONSULTORIA

Navegar pelos aspectos legais e éticos é essencial para qualquer consultor que deseja manter uma prática profissional respeitável e legalmente segura. Este capítulo fornece um guia sobre as considerações legais e éticas mais relevantes na consultoria, ajudando você a compreender as obrigações e as melhores práticas para operar dentro dos marcos legais e éticos.

COMPREENDENDO A IMPORTÂNCIA DA ÉTICA E DA LEGALIDADE

A ética e a legalidade são fundamentais para construir confiança e credibilidade com clientes e parceiros de negócios. Manter altos padrões éticos e cumprir com a legislação relevante não só protege você contra riscos legais, mas também estabelece uma base sólida para o crescimento sustentável de sua prática de consultoria.

ASPECTOS LEGAIS EM CONSULTORIA

1. **Contratos de serviço:** Garantir que todos os acordos com clientes sejam formalizados em contratos claros e abrangentes. Estes devem detalhar o escopo do serviço, termos de pagamento, obrigações de ambas as partes e condições de rescisão.
2. **Direitos de propriedade intelectual:** Entender a importância de proteger sua propriedade intelectual e a de seus clientes. Isso inclui direitos autorais, marcas registradas e patentes, quando aplicável.
3. **Confidencialidade e Privacidade:** Assegurar a confidencialidade das informações do cliente e cumprir com regulamentações de privacidade de dados, como o GDPR na Europa ou a LGPD no Brasil.
4. **Compliance regulatório:** Familiarizar-se com as regulamentações específicas do setor que podem impactar seus clientes e garantir que sua consultoria esteja em conformidade.

PRINCÍPIOS ÉTICOS NA CONSULTORIA

1. **Integridade:** Agir com honestidade e transparência em todas as interações com clientes, colegas e outras partes interessadas.
2. **Profissionalismo:** Manter um alto padrão de profissionalismo em seu trabalho, incluindo precisão, pontualidade e responsabilidade.
3. **Confidencialidade:** Proteger rigorosamente as informações confidenciais obtidas no decorrer de seu trabalho.
4. **Conflito de interesses:** Identificar e gerenciar proativamente qualquer potencial conflito de interesses que possa comprometer sua objetividade ou independência.

IMPLEMENTANDO PRÁTICAS LEGAIS E ÉTICAS

- **Treinamento e conscientização:** Regularmente treinar a si mesmo e sua equipe sobre questões legais e éticas relevantes. Isso pode incluir sessões de treinamento, newsletters informativas e recursos de aprendizado contínuo.
- **Políticas e procedimentos:** Desenvolver e implementar políticas e procedimentos claros para lidar com questões éticas e legais. Isso ajuda a garantir consistência e conformidade em toda a organização.
- **Consulta legal:** Manter um relacionamento com profissionais legais que possam fornecer aconselhamento e assistência quando necessário, especialmente em áreas complexas ou especializadas.

Adotar uma abordagem proativa para questões legais e éticas não apenas minimiza riscos, mas também fortalece a confiança e o respeito de seus clientes e da comunidade em geral. Ao se comprometer com a ética e a conformidade legal, você estabelece uma fundação sólida para o sucesso e a longevidade de sua prática de consultoria.

Pronto para explorar estratégias para expandir seus serviços de consultoria? No próximo capítulo, "**ESTRATÉGIAS DE EXPANSÃO DE SERVIÇOS**", discutiremos como você pode crescer e diversificar suas ofertas para atender melhor às necessidades de seus clientes e explorar novos mercados. Vamos avançar para ampliar o escopo e o impacto de seus serviços?

ESTRATÉGIAS DE EXPANSÃO DE SERVIÇOS

Expandir a sua carteira de serviços é uma excelente maneira de crescer no competitivo mercado de consultoria. Este capítulo explora estratégias eficazes para aumentar o alcance de seus serviços, atendendo melhor às necessidades de seus clientes e explorando novas oportunidades de mercado.

AVALIANDO OPORTUNIDADES DE EXPANSÃO

Antes de expandir seus serviços, é crucial avaliar o mercado e identificar oportunidades de crescimento. Isso inclui:

1. **Análise de mercado:** Estude as tendências do mercado, demandas dos clientes e movimentos da concorrência para identificar áreas com potencial de crescimento.
2. **Feedback do cliente:** Utilize feedback direto dos clientes para entender suas necessidades não atendidas ou áreas de serviço que requerem melhorias ou expansão.
3. **Avaliação de competências:** Considere as competências existentes dentro de sua equipe e determine se você pode expandir seus serviços ou se são necessários treinamentos adicionais ou contratações.

ESTRATÉGIAS PARA EXPANSÃO DE SERVIÇOS

1. **Desenvolvimento de novos serviços:** Crie novos serviços que complementem os já existentes ou que atendam às novas necessidades identificadas dos clientes. Por exemplo, se você oferece consultoria financeira, pode considerar expandir para consultoria estratégica ou de gestão de riscos.
2. **Parcerias e colaborações:** Forme parcerias com outras empresas ou consultores que possam oferecer habilidades ou serviços complementares. Isso pode ampliar sua oferta sem necessitar de um grande investimento inicial.
3. **Especialização vertical ou horizontal:** Considere especializar-se em certos setores (vertical) ou expandir sua gama de serviços dentro de um setor específico

(horizontal). Isso pode ajudar a diferenciar sua consultoria no mercado.

4. **Licenciamento ou franchising:** Explore oportunidades de licenciar seus métodos ou serviços, ou desenvolver um modelo de franchising que permita uma expansão mais rápida e com menor custo operacional direto.

IMPLEMENTANDO A EXPANSÃO DE SERVIÇOS

- **Plano de implementação:** Desenvolva um plano detalhado para a introdução de novos serviços, incluindo etapas de desenvolvimento, cronograma, orçamento e recursos necessários.
- **Comunicação eficaz:** Assegure-se de comunicar claramente a expansão dos serviços a clientes existentes e potenciais. Use todos os canais disponíveis, como e-mail, redes sociais, e eventos de networking.
- **Monitoramento e avaliação:** Após a implementação, monitore o desempenho dos novos serviços e colete feedback dos clientes para ajustes contínuos.

Expandir sua oferta de serviços pode não apenas aumentar suas receitas, mas também fortalecer o relacionamento com os clientes, proporcionando-lhes uma solução mais completa. Com planejamento cuidadoso e execução estratégica, você pode efetivamente aumentar o alcance e o impacto de sua consultoria no mercado.

Pronto para integrar práticas sustentáveis em sua oferta de serviços? No próximo capítulo, "**SUSTENTABILIDADE E CONSULTORIA**", discutiremos como você pode incorporar considerações ambientais e sociais em suas práticas de consultoria, alinhando seus serviços com as crescentes demandas por responsabilidade corporativa. Vamos avançar para tornar sua consultoria mais verde e socialmente responsável?

SUSTENTABILIDADE E CONSULTORIA

Integrar práticas sustentáveis em sua oferta de consultoria não apenas atende a uma demanda crescente por responsabilidade corporativa, mas também posiciona sua empresa como líder em uma prática de negócios ética e consciente. Este capítulo aborda como você pode implementar estratégias de sustentabilidade na sua consultoria, garantindo que seus serviços não só gerem lucro, mas também promovam um impacto positivo no ambiente e na sociedade.

A IMPORTÂNCIA DA SUSTENTABILIDADE NA CONSULTORIA

A sustentabilidade tornou-se um imperativo estratégico para empresas de todos os tamanhos, influenciando decisões de compra e parcerias empresariais. Além disso, incorporar práticas sustentáveis pode ajudar a mitigar riscos, inovar em produtos e serviços, e construir uma reputação positiva no mercado.

ESTRATÉGIAS PARA PROMOVER SUSTENTABILIDADE

1. **Auditorias ambientais:** Comece realizando auditorias ambientais dos seus próprios processos de negócios e dos de seus clientes. Identifique áreas onde melhorias podem ser feitas para reduzir a pegada ecológica.
2. **Serviços de consultoria sustentável:** Desenvolva e ofereça serviços que ajudem os clientes a implementar práticas de negócios sustentáveis. Isso pode incluir otimização de recursos, gestão de resíduos, eficiência energética e estratégias de responsabilidade social corporativa.
3. **Capacitação e educação:** Forneça treinamento para sua equipe e clientes sobre a importância da sustentabilidade e como práticas sustentáveis podem ser integradas nas operações diárias.
4. **Parcerias com organizações sustentáveis:** Colabore com ONGs, instituições acadêmicas e outras organizações que promovam a sustentabilidade. Isso pode ampliar seu alcance e agregar valor aos seus

serviços.

5. **Certificações sustentáveis:** Obtenha certificações de sustentabilidade para sua própria empresa e ajude seus clientes a fazer o mesmo. Isso não só reforça o compromisso com práticas sustentáveis, como também serve como um diferencial competitivo.

IMPLEMENTANDO PRÁTICAS SUSTENTÁVEIS

- **Integração nas propostas de valor:** Destaque a sustentabilidade como parte integrante das propostas de valor para novos clientes. Mostre como práticas sustentáveis podem beneficiar não apenas o meio ambiente, mas também o desempenho empresarial a longo prazo.
- **Relatórios de sustentabilidade:** Desenvolva relatórios de sustentabilidade para sua consultoria e assista seus clientes na criação dos seus. Isso demonstra transparência e compromisso com a melhoria contínua.
- **Inovação contínua:** Mantenha-se atualizado sobre novas tecnologias e práticas sustentáveis que podem ser aplicadas na sua consultoria e recomendadas aos clientes.

Adotar uma abordagem sustentável em sua consultoria oferece uma vantagem competitiva significativa, alinhando sua empresa com as expectativas modernas de negócios responsáveis e conscientes. Ao promover práticas sustentáveis, você não apenas contribui para o bem-estar ambiental e social, mas também constrói um legado duradouro que transcende o sucesso financeiro.

Pronto para concluir nossa jornada e olhar para o futuro das vendas de consultoria? No próximo e último capítulo, "**FUTURO DAS VENDAS DE CONSULTORIA**", exploraremos as tendências emergentes e como você pode se preparar para as próximas evoluções do mercado. Vamos finalizar este livro com uma visão para o futuro?

FUTURO DAS VENDAS DE CONSULTORIA

À medida que encerramos este guia abrangente sobre vendas de consultoria, é crucial olhar para o futuro e considerar as tendências emergentes que moldarão esta indústria. Este capítulo não só reflete sobre o que foi aprendido, mas também projeta como você pode se preparar para as mudanças futuras, garantindo que sua prática de consultoria continue relevante e eficaz no mercado dinâmico.

AVALIANDO O FUTURO DAS VENDAS DE CONSULTORIA

O futuro das vendas de consultoria será influenciado por várias forças, incluindo avanços tecnológicos, mudanças nas expectativas dos clientes e a crescente importância de práticas sustentáveis e responsáveis. Manter-se informado e adaptável será mais crucial do que nunca.

TENDÊNCIAS EMERGENTES

1. **Digitalização e tecnologia:** A tecnologia continuará a desempenhar um papel crucial, com ferramentas digitais e análises de dados avançadas se tornando essenciais para oferecer consultoria personalizada e baseada em insights profundos.
2. **Consultoria como serviço (CaaS):** Modelos de serviço flexíveis e baseados em assinatura podem ganhar popularidade, permitindo aos clientes acessar serviços de consultoria sob demanda.
3. **Foco na experiência do cliente:** A experiência do cliente será um diferencial competitivo chave. Consultores precisarão criar interações mais envolventes e personalizadas para satisfazer e superar as expectativas dos clientes.
4. **Sustentabilidade:** A demanda por consultoria em sustentabilidade e responsabilidade social corporativa provavelmente aumentará, à medida que mais empresas buscam alinhar suas operações com objetivos de sustentabilidade global.

5. **Globalização:** À medida que as barreiras de mercado continuam a diminuir, as oportunidades para consultoria internacional se expandirão, exigindo uma compreensão mais profunda de diversas culturas de negócios e regulamentações legais.

PREPARANDO-SE PARA O FUTURO

- **Educação contínua:** Invista continuamente em seu desenvolvimento profissional e no de sua equipe para se manter à frente das tendências e das habilidades demandadas.
- **Flexibilidade e inovação:** Desenvolva a capacidade de adaptar rapidamente suas ofertas de serviços e modelos de negócios em resposta às mudanças do mercado.
- **Expansão de rede:** Continue construindo e nutrindo sua rede profissional, tanto local quanto internacionalmente, para explorar novas oportunidades de mercado e parcerias estratégicas.
- **Monitoramento de Tendências:** Mantenha-se informado sobre as mudanças na indústria por meio de pesquisas regulares, participação em fóruns e subscrição a publicações relevantes.

Ao longo deste livro, exploramos as diversas facetas das vendas de consultoria, desde entender o mercado até adaptar estratégias de vendas para diferentes contextos culturais. À medida que avança, lembre-se de que o sucesso em vendas de consultoria não se baseia apenas em técnicas eficazes, mas também em uma abordagem holística que valoriza a ética, a responsabilidade e o compromisso contínuo com o aprendizado e a inovação. Equipado com os conhecimentos e estratégias discutidos, você está agora melhor preparado para prosperar em um mundo de consultoria em constante evolução. Vamos avançar juntos para um futuro brilhante na consultoria!

Ao virarmos a última página desta jornada juntos, espero sinceramente que os aprendizados compartilhados aqui tenham tocado seu coração e despertado novas perspectivas. Se este livro lhe trouxe algum valor, peço gentilmente que dedique alguns momentos para deixar sua avaliação na Amazon. Suas palavras não apenas me ajudam a crescer e aprimorar minha arte, mas também guiam outros leitores em suas buscas por conhecimento e inspiração. Sua opinião é um presente valioso, tanto para mim quanto para a comunidade de leitores em busca de histórias que transformam. Agradeço de coração por compartilhar esta jornada comigo e espero que possamos nos encontrar novamente nas páginas de uma nova aventura.

REGINALDO OSNILDO

Olá, sou Reginaldo Osnildo, autor e inovador nas áreas de vendas, tecnologia, e estratégias de comunicação. Minha experiência abrange desde o ambiente acadêmico, como professor e pesquisador na Universidade do Sul de Santa Catarina, até a prática como estrategista no Grupo Catarinense de Rádios. Com um doutorado em narrativas de vendas e convergência digital, e um mestrado em storytelling e imaginário social, eu trago para meus leitores uma fusão única entre teoria e prática. Meu objetivo é fornecer conhecimento em uma linguagem simples, prática e didática, incentivando a aplicação direta na vida pessoal e profissional.

Atenciosamente

Prof. Dr. Reginaldo Osnildo

+55 48 991913865

reginaldoosnildo@gmail.com

www.ingramcontent.com/pod-product-compliance
Lightning Source LLC
Chambersburg PA
CBHW071945210526
45479CB00002B/816